Sur les inexactitudes qui existent probablement dans les résultats du recensement des âges

Thomas A. Welton

Writat

Cette édition parue en 2023

ISBN : 9789359256894

Publié par
Writat
email : info@writat.com

SUR LES INEXACTITUDES QUI EXISTENT PROBABLEMENT DANS LES RELEVÉS DE RECENSEMENT DES ÂGES.

Par Thomas A. Welton , FSS , etc.

QUELQUES années, avant la publication du troisième volume du Recensement de l'Angleterre et du Pays de Galles, 1871, j'avais hâte de calculer les taux de mortalité approximatifs dans certaines régions de l'Angleterre, parmi les femmes de certains âges, au cours de chacune des années 1851-1870. . Je me suis donc appliqué au processus préliminaire d'estimation de la population de chaque année aux âges en question.

J'ai trouvé qu'il n'était pas prudent de supposer que, si la population d'un comté ou d'un district donné avait augmenté de manière générale, à un certain rythme, il y avait eu une augmentation à chaque âge particulier à peu près au même rythme. Au contraire, il y avait une irrégularité surprenante dans les taux respectifs d'augmentation ou de diminution observés parmi les personnes de différents âges au sein d'une même population.

Le tableau I montre les taux d'augmentation des effectifs recensés à chaque âge jusqu'à 80 ans chez les hommes et les femmes respectivement dans les différentes divisions d'enregistrement, ainsi qu'en Angleterre et au Pays de Galles. En examinant ce tableau, on voit que, en partie à cause de l'effet de l'émigration, les taux d'accroissement selon les âges sont très diversifiés. Dans les comtés de l'Est, le nombre d'hommes âgés de 20 à 25 ans a diminué de près d'un dixième, mais celui des hommes âgés de 65 à 70 ans a augmenté de près d'un quart. Dans la même division, le nombre de femmes âgées de 25 à 30 ans a diminué de près de 5 pour cent, tandis que celui des femmes âgées de 40 à 45 ans a augmenté de plus de 15 pour cent.

Tel étant l'état des faits, j'ai abandonné toute idée de déduire des effectifs totaux recensés en 1871 des estimations fiables des effectifs à des âges particuliers, à moins qu'on ne trouve effectivement un autre mode de traitement des chiffres conduisant à des résultats plus réguliers.

En comparant avec la population recensée en 1851 les nombres, dix ans plus âgés, qui vivaient en 1861, j'ai obtenu d'autres séries de rapports, qui sont indiquées dans le tableau II.

Ce qui suit est une comparaison entre les proportions pour l'Angleterre et le Pays de Galles, indiquées dans le tableau II, et les nombres sur 100 vivant en 1851 qui auraient survécu en 1861 selon la table de mortalité anglaise n° 3.

Âges en 1851.	Proportion de survivants sur 100 vivant en 1851.			
	Par le recensement.		Près de la table de survie.	
	Mâles.	Les femelles.	Mâles.	Les femelles.
0 à 5 [4]	90,1	89,2	86,4	86,7
5 à 10	91.2	93,5	94,2	94,0
10-15	89,2	102.1	93,7	93,4
15-20	84.1	94,4	92,0	91,6
20-25	83.2	83.2	90,9	90,4
25-30	84,4	82,3	89,9	89,6
30-35	89,2	88,6	88,6	88,6
35-40	85.1	85,9	86,8	87,4
40-45	82,3	83,8	84,3	85,9
45-50	76.1	77,6	80,5	83.2
50-55	76,7	80,2	75.3	78.2
55-60	68,9	74.1	67,7	70,7
60-65	56,5	60,2	56,9	60,3
65-70	47.3	50,5	43,5	47.2

L'émigration des femmes d'origine anglaise n'a nullement été d'une ampleur insignifiante, à aucun moment depuis 1851 ; mais en raison de l'immigration d'un grand nombre de femmes d'Irlande, d'Écosse et de pays étrangers, la perte nette n'a été que modérée. On devrait donc être fondé à rechercher une certaine correspondance entre les proportions de femmes susceptibles de survivre, d'après la Table de mortalité, et les chiffres proportionnels qui représentent une comparaison des chiffres du recensement de 1861 avec ceux de 1851. en fait, nous découvrons qu'entre 10 et 20 ans, les proportions de personnes qui devraient survivre les dix prochaines années, selon la table de survie, sont largement dépassées par celles qui semblent survivre ; et cet état de choses s'inversera au cours des dix prochaines années. De sorte que les chiffres suggèrent un mauvais retour des âges de la population féminine, exagérant les chiffres des 20-30 ans et peut-être déprimant ceux des 30-40 ans.

Encore une fois, nous avons des raisons de croire que certains des enfants de moins de cinq ans sont renvoyés comme ayant atteint cet âge, alors que pratiquement aucun des enfants ayant atteint l'âge de cinq ans ne sera renvoyé comme étant plus jeune. Cela expliquerait la dissemblance des ratios de survivants au tout début de la vie.

En supposant, comme suppositions expérimentales, que les erreurs proportionnelles dans les recensements de 1851 et 1861 à chaque âge étaient égales et que l'émigration et l'immigration féminines se neutralisaient, j'ai obtenu un ensemble de corrections des recensements féminins qui indiquaient qu'il y avait Il y a une tendance chez les jeunes de moins de vingt ans à exagérer leur âge, mais les femmes âgées de 25 à 30 ans, et à chaque période quinquennale successive de la vie, au moins jusqu'à 55-60 ans, ont tendance à sous-estimer leur âge. Il y avait également une certaine disposition à donner les âges en nombres ronds d'années, bien que cela soit beaucoup moins remarquable que dans le recensement irlandais de 1851, d'où sont tirés les chiffres suivants.

L'âge est revenu.	Mâles.	Les femelles.
35 ans et moins de 40 ans	150 471	165 966
40 „ 45	187 410	217 986
45,, 50	109 618	117 345
50 „ 55	156 337	176 782
55,, 60	73 511	79 111
60 „ 65	100 963	130 740

L'euphémisme, aux âges mentionnés, ne semble pas avoir été plus grand dans ce pays que ce qui aurait été le cas si *chaque femme* , âgée de 25 à 60 ans, se disait un an plus jeune que son âge réel.

Il est évident quelle serait l'utilité de recensements effectués à intervalles de *cinq* ans, pour nous permettre de mesurer avec plus de précision les résultats de ces tendances à mal énoncer les âges, et en particulier l'effet des âges indiqués en chiffres ronds.

Les corrections applicables aux retours des hommes ne pourraient être déterminées, même approximativement, sans tenir compte des effets de l'émigration sur le nombre de ce sexe. Et comme les taux de mortalité sont sujets à des variations considérables d'année en année, j'en suis arrivé à la conclusion qu'il fallait chercher des résultats plus fiables à l'aide de...

(1) Estimations du nombre de décès *enregistrés* survenus parmi les personnes *nées* au cours de chaque période quinquennale. [6]

(2) Une allocation calculée pour les naissances non enregistrées dépassant les décès non enregistrés de nourrissons.

(3) Estimations de la perte ou du gain de population du fait des migrations à chaque âge.

Le tableau III présente les résultats obtenus en calculant le premier et le deuxième de ces éléments et en montrant la différence restante entre les deux ensembles de chiffres du recensement, comme résultat combiné de migrations et d'erreurs.

En examinant ce tableau, j'ai pensé qu'il était extrêmement probable que les nombres des décès aux âges élevés étaient exagérés, parce que je ne connais aucune raison de supposer que les chiffres des recensements à ces âges soient inférieurs à la vérité ; et s'ils sont égaux ou supérieurs au nombre réel des vivants, nous sommes obligés de conclure soit qu'il y a une immigration considérable de personnes âgées, soit, ce qui semble beaucoup plus compatible avec les connaissances que nous possédons, il existe une tendance à exagérer l'âge des vivants et des mourants parmi ceux qui ont plus de soixante-dix ans.

A l'aide de la « Table de mortalité anglaise n° 3 », on a constaté que dans une population résultant d'une augmentation des naissances de 1 pour cent. par an, les chiffres suivants représenteraient les proportions de personnes vivant et mourant à un âge élevé :

Âge.	Vie.		Âge.	Vie.		Proportion du premier par rapport au second.	
	Mâles.	Les femmes.		Mâles.	Les femmes.	Mâles. comme 100 à	Les femmes. comme 100 à
75 ans et moins de 80 ans	373054	428741	74½ et moins de 79 ans	369162	420783	99,0	98.1
80 „ „ 85	174287	213540	79 „ „ 84	207496	250662	119.1	117.4

Âge.	Décès.		Âge.	Décès.		Proportion du premier par rapport au second.	
85 „ „ 90	59641	79253	84 „ „ 89	76091	99340	127,6	125,3
90 „ „ 95	13652	20037	89 „ „ 94	19023	27331	139.3	136,4
95 „ „ 100	1887	3119	94 „ „ 99	2934	4728	155,5	151,6
100 et plus.	145	279	99 et plus	260	484	179.3	173,5

Âge.	Décès.		Âge.	Décès.		Proportion du premier par rapport au second.	
	Mâles.	Les femmes.		Mâles.	Les femmes.	Mâles. comme 100 à	Les femmes. comme 100 à
75 ans et moins de 85 ans	78695	84957	74½ et moins de 84 ans	79184	84673	100,6	99,7
85 „ „ 95	19617	24868	84 „ „ 94	24024	29893	122,5	120,2
95 et plus	932	1476	94 ans et plus	1393	2152	149,5	145,8

Du tableau ci-dessus, on peut déduire que, en supposant que les personnes âgées de 71 à 75 ans se disent (ou sont décrites comme étant) en moyenne six mois plus âgées que leur âge réel, et si après 75 ans l'exagération s'élève en moyenne à une année entière, un très grand une impression doit être ainsi faite lors des retours.

Arrivé jusqu'ici, j'ai cru opportun d'essayer d'abord si ces suggestions, que j'imagine jugées modérées et probables, suffiraient à expliquer l'afflux apparent de personnes âgées, montré dans le tableau III ; et si d'autres suppositions, non moins raisonnables, serviraient à surmonter les difficultés restantes qui apparaissent à la face de ce tableau.

La population féminine étant la moins perturbée par les migrations, les calculs nécessaires ont été faits à son égard, avant de poursuivre.

Premièrement, les décès indiqués dans le tableau III ont dû être modifiés comme suit :

Né dans les années	Décès de femmes comme dans le tableau III.		Comme maintenant corrigé.	
	1851-1860.	1861-1870.	1851-1860	1861-1870.
1801-05	65030	97481	65030	98802
1796-1800	72028	108636	72028	112636
1791-95	82975	114233	84226	118269
1786-90	93843	105704	97626	107225
1781-1785	99612	78080	103438	76172
1776-1780	94274	43589	95728	39172
1771-1775	71487	17466	69678	14330
1766-1770	40514	4849	36401	3732
1761-1765	16604	894	13613	617
1756-1760	4724	73	3631	50
1751-1755	921	—	636	—
1746-1750	76	—	53	—
Totaux	642088	571005	642088	571005

Il a ensuite été nécessaire de faire quelques hypothèses quant à l'effet des migrations de femmes vers et depuis ce pays, et les estimations suivantes ont été provisoirement adoptées :— [8a]

					ESTIMATION CONSÉQUENTE DE LA PERTE OU DU GAIN NET SUR 10 ANS . [8b]				
Âge (à la fin de l'année de migration)	1851-1860.		1861-1870.		Âge (à la fin de la décennie)	1851-1860.		1861-1870.	
	Les immigrants. [8a]	Émigrants. [8b]	Les immigrants. [8a]	Bourses Emi. [8b]		Perte nette.	Bénéfice net.	Perte nette.	Bénéfice net.
0 à 5	2000	3250	1550	2675	0 à 5	3750	—	3375	—
5 à 10	2000	3000	1530	2450	5 à 10	9250	—	8385	—
10-15	2800	2280	2170	1900	10-15	6000	—	6040	—
15-20	5300	3150	4200	2740	15-20	—	7000	—	3890

20-25	2400	3900	1860	3200	20-25	—	7300	—	3820
25-30	1050	2700	800	2190	25-30	8150	—	7950	—
30-35	630	1630	500	1340	30-35	14250	—	12150	—
35-40	400	1050	320	870	35-40	10250	—	8630	—
40-45	390	690	320	590	40-45	6150	—	5240	—
45-50	280	520	210	420	45-50	3500	—	3080	—
50-55	190	420	145	345	50-55	2500	—	2190	—
55-60	100	250	75	200	55-60	2000	—	1795	—
Totaux	17540	22840	13680	18920	60-65	1200	—	1025	—
					65-70	300	—	250	—

On ne peut accorder une grande confiance à ces derniers calculs quant à
l'effet des migrations à des âges particuliers. Les faits à ce sujet conservés
dans les documents officiels que je connais sont peu nombreux. L'idée
générale et grossière que l'on peut tirer du tableau se rapproche cependant
plus ou moins de la vérité et peut être utilement comparée aux violentes
fluctuations indiquées dans le tableau III. Ceux-ci montrent, au milieu de leur
extravagance, une sorte de régularité à des âges particuliers, ainsi :

Âge à la fin du décennie.	1851-1860.		1861-1870.	
	Perte.	Gagner.	Perte.	Gagner.
0 à 5	30575	. . .	42643	. . .
5 à 10	. . .	3937	. . .	15075
10-15	. . .	24995	. . .	29722
15-20	7416	. . .	14314	. . .
20-25	. . .	85027	. . .	73654
25-30	. . .	27678	. . .	42046
30-35	69827	. . .	74590	. . .
35-40	63559	. . .	54880	. . .
40-45	4438	. . .	7513	. . .
45-50	11175	. . .	11472	. . .
50-55	16118	. . .	18811	. . .

55-60	26073	. . .	28220	. . .
60-65	. . .	35	1360	. . .
65-70	. . .	12614	. . .	18345
70-75	7310	. . .	7982	. . .

Trouvant tout à fait impossible de croire aux migrations successives qui ont dû avoir lieu, si cet extrait du tableau III représentait la vérité, j'ai poursuivi l'enquête pour savoir quelle est l'alternative d'une telle croyance.

En procédant au calcul des corrections qui devraient être apportées aux résultats des recensements sur le nombre de femmes, si les estimations modifiées des pertes par décès et les résultats calculés des migrations étaient adoptés, j'ai d'abord supposé que chacun des trois recensements de 1851, 1861 et L'année 1871 pourrait être rendue erronée par des informations erronées quant aux âges dans des *proportions fixes* aux différentes périodes de la vie.

La tentative de trouver une échelle de proportions fixe qui permettrait de rectifier tous les recensements échoua cependant ; et il devint évident que les écarts par rapport à la vérité étaient les plus grands en 1851 et les plus faibles en 1871. Trois échelles de proportions furent alors établies empiriquement, incarnant l'idée de degrés d'erreur décroissants. Au cours des recherches effectuées en vue d'ajuster ces barèmes, j'ai trouvé des raisons de croire que les allocations pour naissances non enregistrées dans les années 1856-1860 et 1861-1865 devraient être augmentées de ½ pour cent. Cette addition ayant été faite au nombre estimé des naissances, il devint nécessaire d'ajouter des nombres égaux aux pertes estimées par l'émigration ; et en modifiant finalement les trois échelles de proportions conformément à ces modifications, on arriva enfin aux résultats indiqués dans le tableau IV.

Ces résultats nous obligent à croire que, si notre calcul de l'effet des migrations en 1851-1860 était proche de la vérité, l'estimation similaire pour 1861-1870 était plutôt hors de propos. Les chiffres qui doivent maintenant être substitués me paraissent cependant acceptables, surtout si l'on considère notre incapacité de nous forger une opinion sur l'âge des personnes d'origine anglaise qui revinrent en grand nombre des États-Unis vers la fin de l'année. époque de la guerre de sécession.

Il s'agissait ensuite de vérifier quelles transpositions des chiffres du recensement sont impliquées, au cas où nous accepterions les chiffres indiqués dans le tableau IV comme étant à peu près corrects.

Le tableau V présente ces transpositions, et on verra qu'elles conduisent aux conclusions indiquées dans l'énoncé suivant :

DÉCLARATION A. — Indiquer les proportions (pour cent) de la population féminine revenue à chaque âge, qui étaient réellement plus âgées ou plus jeunes que celles représentées.

Ren du asagé	1851. [11a]			1861.			1871.		
	Vraiment plus vieux.	Âge correct.	Vraiment plus jeune.	Vraiment plus vieux.	Âge correct.	Vraiment plus jeune.	Vraiment plus vieux.	Âge correct.	Vraiment plus jeune.
0 à 5	...	100,0	...	...	100,0	...	...	100,0	...
5 à 10	...	97,0	3.0	...	97.1	2.9	...	97,3	2.7
10-15	...	98.1	1.9	...	98.1	1.9	...	98,2	1.8
15-20	...	97,4	2.6	...	97,9	2.1	...	98,0	2.0
20-25	4.7	92,3	3.0	5.3	92,4	2.3	4.8	93.2	2.0
25-30	9.8	90,2	...	10.3	89,7	...	9.5	90,5	...
30-35	13.3	86,7	...	13.5	86,5	...	11.5	88,5	...
35-40	12.6	87,4	...	12.6	87,4	...	11.9	88.1	...
40-45	16,5	83,5	...	16.1	83,9	...	15.3	84,7	...
45-50	15.1	84,9	...	14.6	85,4	...	13.9	86.1	...
50-55	16,5	83,5	...	16,5	83,5	...	15,5	84,5	...
55-60	8.4	91,6	...	8.2	91,8	...	7.2	92,8	...

60-65	9.0	91,0	. . .	8.8	91.2	. . .	8.1	91,9	. . .
65-70	1.7	98,3	. . .	2.0	98,0	. . .	1.8	98,2	. . .
70-75	. . .	100,0	. . .	.3	99,7	. . .	.5	99,5	. . .
75-80	. . .	99,9	.1	. . .	100,0	. . .	. . .	100,0	. . .
80-85	. . .	91,6	8.4	. . .	92,6	7.4	. . .	93.2	6.8
85-90	. . .	90,5	9.5	. . .	92.1	7.9	. . .	93.1	6.9
90-95	. . .	84,2	15,8	. . .	85,6	14.4	. . .	88,7	11.3
95-100	. . .	62.2	37,8	. . .	62,5	37,5	. . .	68.1	31,9
100 et plus .	. . .	38,0	62,0	. . .	38.4	61,6	. . .	50,4	49,6

Les ratios indiqués dans la déclaration ci-dessus signifient qu'à aucun moment de la vie, l'âge apparent *sous-déclaré* ne correspond en moyenne à une année entière ; [11b] et l'exagération, même aux âges élevés, semble également être en moyenne inférieure à un an, de sorte qu'il n'y a, je pense, aucune improbabilité dans les chiffres qui devrait diminuer leur crédibilité. Lorsqu'on compare les résultats irréguliers du tableau III pour les femmes avec les résultats beaucoup plus probables présentés dans le tableau IV, et les hypothèses par lesquelles ces derniers ont été obtenus, et par l'adoption desquelles les naissances et les décès enregistrés, les résultats des recensements successifs Si l'on considère les effectifs de la population féminine à plusieurs âges et les pertes calculées par migration ayant été rapprochées, je pense que l'on verra qu'il est beaucoup plus sûr d'adopter mes corrections que de se fier aux rendements réels. .

Comme l'opération par laquelle les rendements d'âge doivent être corrigés est essentiellement une opération de transposition, je supprime les rapports sur la base desquels j'ai construit le tableau IV, et j'emploierais les proportions indiquées dans l'état A, en appliquant des corrections similaires à la population. revient en détail. En l'absence de tout moyen de juger des variations qu'il peut y avoir dans les différentes parties du pays dans l'étendue des fausses déclarations quant aux âges, je serais enclin à utiliser ces proportions dans tous les cas, non sans craindre que les inexactitudes des une certaine conséquence peut ainsi être prise.

Un test supplémentaire peut être appliqué avant que nous adoptions finalement les chiffres présentés dans le tableau IV comme représentant (très près) la véritable population féminine. Les rapports supportés par la population qui existe en 1861 et 1871 respectivement, *plus* les émigrants, par rapport aux chiffres dix ans plus tôt, peuvent être calculés et comparés à ceux déjà indiqués, qui ont été dérivés de la table de survie anglaise n° 3, ainsi : —

Âge à la fin des dix ans.	Proportion de survivants (y compris les émigrés) sur 100 Femmes qui vivaient 10 ans plus tôt.		La même proportion, selon la table de survie anglaise, n° 3.
	D'après chiffres corrigés, 1851 et 1861.	D'après chiffres corrigés, 1861 et 1871.	
10-15	87,4	87,5	86,7
15-20	94,2	94,7	94,0
20-25	93.2	93,7	93,4
25-30	91,4	91,9	91,6
30-35	90,5	91,0	90,4
35-40	90,0	90,1	89,6
40-45	89,0	89,1	88,6
45-50	88,3	88,2	87,4
50-55	86,8	86,8	85,9
55-60	84,7	84,6	83.2
60-65	80,2	79,5	78.2
65-70	72,7	72,4	70,7
70-75	61,6	61,3	60,3
75-80	47.1	46,9	47.2

En examinant les rapports ainsi obtenus, on verra qu'ils s'harmonisent bien avec la probabilité montrée par la table de survie. Chaque série de rapports est graduée symétriquement, tandis que les proportions obtenues par l'utilisation des tableaux de recensement non corrigés étaient, comme nous l'avons déjà observé, tour à tour exagérées et déprimées.

Ayant ainsi atteint une approximation suffisamment proche de la vérité dans le cas des femelles, il nous reste à essayer de faire de même dans celui des mâles. L'effet de l'émigration doit d'abord être calculé, ce qui peut être fait ainsi :

Âge à la fin de l'année de migration.	1851-1860.		1861-1870.	
	Immigrants d'Irlande, etc.	anglais.	Immigrants d'Irlande, etc.	Émigrants anglais.
0 à 5	2000	3500	1500	2200
5 à 10	2000	3500	1500	2200
10-15	3000	3000	2200	2000
15-20	6000	6500	4200	4000
20-25	2500	9000	1750	6000
25-30	1000	8000	750	5000
30-35	500	5000	400	3400
35-40	500	3000	350	2100
40-45	400	1850	260	1200
45-50	300	1300	200	800
50-55	200	1000	150	600
55-60	100	700	100	440
Totaux	18500	46350	13360	29940

Les chiffres ci-dessus sont basés sur une estimation augmentée des naissances masculines non enregistrées, pour correspondre à l'estimation augmentée des naissances féminines non enregistrées utilisée dans l'établissement du tableau IV.

La perte ou le gain total d'habitants mâles à chaque âge, résultant des migrations ci-dessus, aurait pu être comme ci-dessous, en supposant que le cours des événements ait été tout à fait constant d'année en année :

Âge à la fin de la décennie.	Perte nette.	
	1851-1860.	1861-1870.
0 à 5	4500	2100
5 à 10	12000	5600
10-15	10500	4300
15-20	4500	200 [14]
20-25	22000	11350
25-30	54500	33600
30-35	61500	38750
35-40	44000	28750
40-45	25850	17570
45-50	15250	10000
50-55	10300	6230
55-60	7800	4470
60-65	4600	2600
65-70	1200	680
Totaux	278500	165800

Toutefois, comme ceux qui sont partis au début de la décennie 1861-1870 pour les États-Unis peuvent, dans une large mesure, être rentrés chez eux, tout comme nombre de ceux qui avaient déjà quitté le pays, il semble naturel de supposons que les émigrants de 1861 à 1870 étaient, dans l'ensemble, beaucoup plus jeunes que ne le montrerait le tableau ci-dessus.

Le résultat d'une étude minutieuse des différents chiffres a été de me convaincre que l'âge des enfants de sexe masculin, ainsi que celui des enfants de sexe féminin, sont surestimés. Entre 15 et 20 ans, les hommes ne semblent pas exagérer leur âge aussi souvent que les femmes. De 25 à 70 ans, il semble y avoir une tendance générale mais légère à sous-estimer l'âge, dans la mesure, en moyenne, d'un quart ou tout au plus de près de six mois. Après 70 ans, la même tendance à exagérer l'âge, observée chez les femmes, semble prévaloir.

Les tableaux VI et VII contiennent les mêmes données approximatives concernant les hommes que celles fournies par les tableaux IV et V pour notre population féminine. Les chiffres de toutes ces déclarations ont été établis empiriquement, mais de manière à impliquer les corrections les plus modérées et les plus régulières qui répondront aux difficultés de l'affaire.

Les proportions résultantes de résultats supposés exacts et inexacts à chaque âge peuvent être montrées ainsi :

DÉCLARATION B.

Indiquer les proportions (pour cent) de la population masculine revenue à chaque âge, qui étaient réellement plus âgés ou plus jeunes que représentés.

Rendu asagé	1851.			1861.			1871.		
	Vraiment plus vieux.	Âge correct.	Vraiment plus jeune.	Vraiment plus vieux.	Âge correct	Vraiment plus jeune.	Vraiment plus vieux.	Âge correct.	Vraiment plus jeune.
0 à 5	...	1000	...	...	100,0	...	...	100,0	...
5 à 10	...	97,0	3.0	...	97.1	2.9	...	97,3	2.7
10-15	...	98,8	1.2	...	98,3	1.7	...	98,3	1.7
15-20	...	99,1	.9	...	98,3	1.7	...	98,2	1.8
20-25	1.0	98,7	.3	.9	98,4	.7	.5	98,6	.9
25-30	1.6	98,4	...	1.0	99,0	...	.6	99,4	...
30-35	.7	99,3	...	.1	99,9	...	...	100,0	...
35-40	.2	99,8	...	...	100,0	...	...	100,0	...
40-45	3.5	96,5	...	1.6	97,8	.6	1.0	98,3	.7
45-50	5.0	95,0	...	1.9	98,1	...	1.2	98,8	...
50-55	9.0	91,0	...	4.2	95,8	...	3.1	96,9	...
55-60	4.7	95,3	...	1.2	98,8	...	.6	99,4	...
60-65	7.2	92,8	...	4.9	95.1	...	4.1	95,9	...
65-70	...	100,0	...	...	100,0	...	...	100,0	...
70-75	...	100,0	...	...	100,0	...	...	100,0	...

75-80	...	97,3	2.7	...	97,9	2.1	...	98,8	1.2
80-85	...	88,9	11.1	...	91.2	8.8	...	94,8	5.2
85-90	...	87,3	12.7	...	89,4	10.6	...	94,9	5.1
90-95	...	86,3	13.7	...	88,6	11.4	...	93,7	6.3
95-100	...	57,0	43,0	...	59,9	40.1	...	74,4	25.6
100 et plus.	...	25.6	74,4	...	36,4	63,6	...	41,5	58,5

L'émigration [15] à plusieurs âges indiquée au tableau VI, quoique graduée avec beaucoup de régularité, est très différente en montant à certains âges de celle qui a été calculée à la page 14 (*ante*), et chacun doit se faire sa propre opinion sur quel ensemble de chiffres est susceptible d'être le plus proche de la vérité.

En appliquant le test final utilisé précédemment, en calculant les ratios de survivants indiqués par les chiffres corrigés, nous avons :

Âge à la fin de la décennie.	Proportion de survivants (émigrants compris) sur 100 hommes qui vivaient dix ans plus tôt.		La même proportion selon la table de vie anglaise No. 3.
	D'après chiffres corrigés, 1851 et 1861.	D'après chiffres corrigés, 1861 et 1871.	
10-15	87.1	87,0	86,4
15-20	94,3	94,8	94,2
20-25	93,7	94.1	93,7
25-30	92,0	92,0	92,0
30-35	91,4	91.1	90,9
35-40	90,6	89,8	89,9
40-45	89,3	88,3	88,6
45-50	87,4	86,4	86,8
50-55	84,9	84,3	84,3
55-60	81,0	80,2	80,5

60-65	76,6	75.1	75.3
65-70	68,8	66,5	67,7
70-75	57,7	56.3	56,9
75-80	42,9	40,8	43,5

Ces rapports, comme ceux obtenus à partir de la population féminine corrigée, montrent une grande régularité et ressemblent de très près à ceux dérivés de la table de mortalité anglaise, tandis qu'ils s'écartent largement de ceux basés sur les chiffres non corrigés du recensement.

On peut peut-être supposer qu'une telle ressemblance est artificielle et qu'elle est en réalité le résultat de l'adoption de la table de mortalité comme guide dans la répartition des décès enregistrés selon les années de naissance. Je suis cependant sûr qu'une telle utilisation de la table de survie ne peut pas avoir contrôlé le résultat dans une mesure très importante. Toute répartition des décès survenant au sein d'une population progressivement croissante comme celle de l'Angleterre, effectuée selon un plan cohérent et raisonnable, se situerait nécessairement à quelques milliers près des chiffres indiqués dans les tableaux IV et VI, au moins pour cette période de vie s'étendant sur cinquante ans environ, ce qui se situe entre l'enfance et la vieillesse. [16]

Il y a encore cette remarque à faire, à savoir que la série de rapports, bien qu'ils ressemblent à ceux dérivés de la table de survie, s'en écartent à des âges particuliers dans une mesure très appréciable ainsi :

	MÂLES : perte par décès.			FEMELLES : perte par décès.		
Âge à la fin de la décennie.	Table de survie.	corrigée , 1851/60.	corrigée , 1861/70.	Table de survie.	corrigée , 1851/60.	corrigée , 1861/70.
25-30	8.0	8.0	8.0	8.4	8.6	8.1
30-35	9.1	8.6	8.9	9.6	9.5	9.0
35-40	10.1	9.4	10.2	10.4	10,0	9.9
40-45	11.4	10.7	11.7	11.4	11.0	10.9
45-50	13.2	12.6	13.6	12.6	11.7	11.8
50-55	15.7	15.1	15.7	14.1	13.2	13.2
55-60	19.5	19,0	19,8	16,8	15.3	15.4

| 60-65 | 24,7 | 23.4 | 24.9 | 21,8 | 19,8 | 20,5 |

La mortalité réelle semble en général inférieure à celle indiquée dans la table de mortalité, parfois jusqu'à cinq ou six, voire neuf pour cent. Si donc nous devions calculer le nombre de décès sur la base de la table de mortalité, le résultat dépasserait de plusieurs milliers le nombre de décès enregistrés. Je préfère naturellement accepter les enseignements des faits enregistrés, même s'ils n'ont peut-être pas été transposés tout à fait correctement, plutôt que de m'appuyer sur la table de survie, qui, j'en suis sûr, a été graduée par un processus mathématique au moins aussi empirique que n'importe quelle estimation de le mien. En même temps, je crois devoir souligner qu'une correspondance si étroite entre le caractère général de mes résultats et celui de ceux obtenus par la graduation mathématique est un fait des plus importants, qui tend à nous convaincre plus fortement que jamais qu'une grande régularité On constaterait que cela existe dans la répartition par âge des décès survenus au sein d'une population nombreuse et sur une période de temps modérément longue, si seulement un enregistrement véridique des âges pouvait être obtenu.

APPLICATION DES CORRECTIONS PROPOSÉES .

En appliquant aux chiffres des recensements de 1861 et 1871 pour chacune des onze divisions les corrections proportionnelles indiquées dans les états A et B, on a obtenu certains résultats, dont voici un exemple :

Âge en 1871.	Division VIII (Nord-Ouest). Population féminine en		Rapport de la population de 1871 à celle de 1861 (pour cent.)	national de survivants (y compris l'allocation pour les émigrants.)	Différence.
	1861.	1871.			
10-15	205692	179947	87,5	87,5	. . .
15-20	167248	171382	102,5	94,7	+7,8
20-25	151238	155554	102,9	93,7	+9,2
25-30	149921	145825	97,3	91,9	+5,4
30-35	144649	131174	90,7	91,0	-.3

Le résultat final du calcul ci-dessus est une colonne de différences qui, si le taux de mortalité du Lancashire et du Cheshire était exactement égal à celui de la nation, représenterait le gain ou la perte à chaque âge sur une balance des migrations. L'ensemble des différences ainsi constatées pour les onze divisions respectives est indiqué dans le tableau VIII.

La dernière colonne de ce tableau, montrant les différences entre l'Angleterre et le Pays de Galles, représente bien entendu simplement l'effet des migrations. Je pense que les différences dans les autres colonnes, jusqu'à 35 ans, sont presque entièrement dues aux migrations. [19a] La mortalité à Londres et dans le Lancashire étant supérieure à la moyenne, les chiffres à ces âges sont peut-être moins frappants (car partiellement neutralisés par une mortalité aussi excessive) que si les résultats des migrations ressortaient d'eux-mêmes. Il semble en fait clair que les comtés du Sud-Ouest *perdent* plus de 26,8 pour cent. de leurs jeunes hommes au cours des dix années commençant entre 10 et 15 ans et se terminant entre 20 et 25 ans, Londres *gagne* un peu plus de 14,5 pour cent. au même moment de la vie.

Les rapports mentionnés en dernier lieu, et bien d'autres qui sont indiqués dans le tableau VIII, sont d'une grande importance, car ils indiquent les mouvements d'un grand nombre de personnes, [19b] et par conséquent, afin de rendre plus précises nos impressions sur leur signification, j'ai pris la peine de répartir les décès enregistrés dans les divisions I, V et VIII à certains âges, avec les résultats suivants :

| Né en. | 1861. | 1871. | répartis, 1861-1870. | Perte ou gain par migrations. | Pour cent. sur la population en 1861. | | Les pourcentages du tableau VIII étant par conséquent composés ainsi : | | |
					Décès	Perte ou gain par migrations.	Perte ou gain par rapport à la perte moyenne en décès. [20]	Perte ou gain par migrations.	Total.
Population masculine (corrigé.)									
Div. I. Londres.									
1851-1855	147228	141937	7849	+2558	5.3	+1,7	-.1	+1,7	+1,6
1846-1850	130615	141809	8042	+19236	6.1	+14,7	-.2	+14,7	+14,5
1841-1845	118767	134948	11004	+27185	9.3	+22,9	-1,3	+22,9	+21,6
1836-1840	120587	118776	12405	+10594	10.3	+8,8	-1,4	+8,8	+7,4
Div. V. Alors.-Ouest.									
1851-1855	106614	91014	4601	-10999	4.3	-10.3	+.9	-10.3	-9.4

1846-1850	100897	67943	4838	-28116	4.8	-27,9	+1,1	-27,9	-26,8
1841-1845	96505	57468	5637	-27400	6.2	-30,3	+1,8	-30,3	-28,5
1836-1840	69223	50745	5430	-13048	7.8	-18,9	+1,1	-18,9	-17,8

DIV. VIII. LANC. ET CHESH.

1851-1855	166782	160706	10641	+4565	6.4	+2,7	-1,2	+2,7	+1,6
1846-1850	150583	145788	10945	+6150	7.3	+4,1	-1,4	+4,1	+2,7
1841-1845	138424	133781	13247	+8604	9.6	+6,2	-1,6	+6,2	+4,6
1836-1840	132498	119061	13348	-89	10.1	-.1	-1,2	-.1	-1,2

Population féminine (corrigé.)

DIV. I. LONDRES.

1851-1855	149084	164132	7810	+22858	5.2	+15,3	+.1	+15,3	+15,4
1846-1850	133936	165675	7908	+39647	5.9	+29,6	+.4	+29,6	+30,0
1841-1845	139844	155003	10469	+25628	7.5	+18,3	+.6	+18,3	+18,9
1836-1840	143074	136729	11944	+5599	8.3	+3,9	+7	+3,9	+4,6

DIV. V. ALORS.-OUEST.

1851-1855	106074	90500	4892	-10682	4.6	-10.1	+0,7	-10.1	-9.4
1846-1850	97784	77303	5375	-15106	5.5	-15,4	+0,8	-15,4	-14,6
1841-1845	91581	68751	6249	-16581	6.8	-18.1	+1,3	-18.1	-16,8
1836-1840	77717	61231	5950	-10536	7.7	-13,5	+1,3	-13,5	-12.2

DIV. VIII. LANC. ET CHESH.

1851-1855	167248	171382	10115	+14249	6.0	+8,5	-.7	+8,5	+7,8
1846-1850	151238	155554	11094	+15410	7.3	+10,2	-1,0	+10,2	+9,2
1841-1845	149921	145825	14024	+9928	9.3	+6,6	-1,2	+6,6	+5,4
1836-1840	144649	131174	14900	+1425	10.3	+1,0	-1,3	+1,0	-.3

Des tableaux similaires pourraient être construits pour chaque âge, et non seulement pour chaque division d'enregistrement, mais pour chaque district d'enregistrement du royaume.

On observera que le gain apparent de la division métropolitaine par les migrations est moins frappant qu'on aurait pu s'y attendre, bien qu'il soit très important. Mais ce qui est réellement montré, c'est le *solde* résultant, après déduction du *gain* des étrangers, de la *perte* résultant du déplacement des familles au-delà de la frontière de la division en Middlesex extra-métropolitain, Surrey et Kent, ou même dans les parties les plus proches de l'Essex et du Kent. Hertfordshire. Si la frontière de Londres était largement étendue, on constaterait que le *gain* par l'immigration à distance est plus grand, et la *perte* par l'émigration est moindre qu'il n'y paraît aujourd'hui ; et, en bref, les déclarations concernant le gain urbain ou la perte rurale jusqu'à l'âge de 35 ans seraient plus frappantes que celles présentées dans le tableau VIII.

Après 35 ans, les deux sexes à Londres et dans les comtés du nord-ouest affichent une perte constante à chaque âge, sans doute imputable en grande partie à la forte mortalité enregistrée dans ces divisions. Les divisions rurales numérotées V et XI accusent une perte jusqu'à l'âge de 50 ans, due à l'émigration. Ces divisions agricoles, ainsi que plusieurs autres (celles numérotées II, III et IV), montrent des gains considérables aux âges plus élevés, en partie à cause de leur faible mortalité et en partie à cause d'autres causes.

Il est évident que ceux qui émigrent au-delà de la mer (de la Division V par exemple) sont des personnes plus âgées que ceux qui quittent leur division d'origine pour chercher un emploi à courte distance, tout comme la majorité de ceux qui émigrent des comtés de l'Est (Division IV). . Les deux tiers de ces derniers ont peut-être entre 14 et 20 ans au moment de leur départ, et très peu d'entre eux peuvent avoir plus de 25 ans.

La mortalité relative apparente des sexes à certains âges doit être influencée par les degrés différents d'imprécision dans les relevés de population respectivement pour les hommes et les femmes, comme le montrera la brève déclaration suivante :

Population moyenne 1861–71, à partir de chiffres non corrigés.		Population moyenne de 1861 à 1871, à partir de chiffres corrigés.		Décès 1861-1870.		Décès pour 1000.			
						De non corrigé.		De corrigé.	
Mâles.	Les femmes.	Mâles.	Les femmes.	Mâles.	Les femmes.	M.	F.	M.	F.

15-20	1021321	1035205	1011321	1035632	62921	68553	6.2	6.6	6.2	6.6
20-25	906063	1011063	892063	938433	76591	80463	8.5	8.0	8.6	8.6
25-30	788782	886088	788782	849341	147734	160329	9.9	9.7	9.9	10,0
30-35	704005	769381	710005	761546						

Les faits que j'ai exposés et les expériences que j'ai faites suffisent peut-être pour suggérer par quelles méthodes d'estimation on peut se faire une idée de la répartition de la population selon les âges, une fois que l'augmentation ou la diminution totale est connue. [22] Mais ils tendent aussi à montrer les difficultés qui entourent le sujet et la nécessité qui existe que les enquêteurs rassemblent suffisamment de courage pour traiter avec un certain degré de liberté les résultats des bureaux de recensement et d'enregistrement.

TABLEAU I.—Montrant le taux d'augmentation de la population (pour cent) de chaque sexe et *à chaque âge* dans les différentes divisions d'enregistrement de l'Angleterre et du Pays de Galles au cours des dix années 1851–61.

TABLEAU II.—Montrant la proportion (pour cent) de la population dénombrée en 1861 par rapport à celle dénombrée *aux âges correspondants dix ans plus tôt* , dans les diverses divisions d'enregistrement et en Angleterre et au Pays de Galles.

[Ces deux tableaux ayant été calculés simplement dans le but de montrer que les résultats proportionnels qu'on peut obtenir par une comparaison des effectifs dénombrés lors des recensements successifs, à des âges particuliers, ne présentent pas une régularité suffisante pour justifier la croyance que de telles proportions se maintiendraient approximativement décennale. après dix ans, il est jugé inutile de les imprimer. Les tableaux restants sont imprimés dans leur intégralité, car sans référence et sans examen attentif des faits qu'ils présentent, le document perdrait presque sa signification.]

TABLEAU III.—Montrant la population dénombrée en 1851, 1861 et 1871, à chaque période quinquennale de la vie, les naissances estimées en 1851–70, les décès enregistrés répartis selon la date de naissance et le nombre d'habitants perdus ou gagnés, dans l'hypothèse de l'exactitude des chiffres précédents.

Né en	Population dénombrée.	Décès enregistrés.	Différence : liée aux erreurs et aux migrations [23a]

	LES MÂLES.			LES MÂLES.		1851-1860.		1861-1870.	
	1851.	1861.	1871.	1851-1860.	1861-1870.	Perte.	Gagner.	Perte.	Gagner.
1866-1870	. . .	2011024 [23b]	1536464	. . .	427200	. . .	. . .	47360	. . .
1861-1865	. . .	1887702 [23b]	1350819	. . .	546170	. . .	. . .	. . .	9287
1856-1860	1751531 [23b]	1354907	1220770	365536	180534	31088	. . .	. . .	46397
1851-1855	1651656 [23b]	1172960	1084713	482227	60259	. . .	3531	27988	. . .
1846-1850	1176753	1059889	951917	156291	62499	. . .	39427	45473	. . .
1841-1845	1050228	957930	843278	58497	75494	33801	. . .	39158	. . .
1836-1840	963995	860210	746320	60004	75606	43781	. . .	38284	. . .
1831-1835	873236	734287	640819	69604	74657	69345	. . .	18811	. . .
1826-1830	795455	661690	590097	67451	77910	66314	. . .	. . .	6317
1821-1825	699345	590280	506947	65694	81085	43371	. . .	2248	. . .
1816-1820	617889	551058	455788	66739	84309	92	. . .	10901	. . .
1811-15	532680	453310	345907	67483	89886	11887	. . .	17517	. . .
1806-10	474211	392196	294675	69394	95736	12621	. . .	1785	. . .
1801-05	392882	299000	205370	73888	103431	19994	. . .	. . .	9801
1796-1800	346104	265536	149887	78530	108473	2038	. . .	7176	. . .
1791-95	254892	175538	82091	84399	108450	. . .	5045	. . .	15003
1786-90	227240	128428	38573	90915	94795	7897	. . .	. . .	4940
1781-1785	151640	71780	11685	92953	64919	. . .	13093	. . .	4824

1776-1780	114730	34256	2383	83815	33036	. . .	3341	. . .	1163
1771-1775	65016	10359	390	58972	11790	. . .	4315	. . .	1821
1766-1770	31690	2191	41	30694	2768	. . .	1195	. . .	618
1761-1765	10423	399	. . .	11270	397	. . .	1246	2	. . .
1756-1760	2282	55	. . .	2781	25	. . .	554	30	. . .
1751-1755	456	. . .	. . .	463	. . .	. . .	7	. . .	. . .
1746-1750	78	. . .	. . .	28	. . .	50	. . .	. . .	. . .
Âge non indiqué	. . .	. . .	. . .	908	. . .	. . .	908	. . .	. . .
Totaux	12184412	13674985	11058934	2138536	2459489	342279	72662	256733	1001713
	LES FEMELLES .			LES FEMELLES .					
1866-1870	. . .	1936784 [23c]	1534812	. . .	359329	. . .	. . .	42643	. . .
1861-1865	. . .	1814081 [23c]	1355707	. . .	473449	. . .	. . .	. . .	15075
1856-1860	1681961 [23c]	1345875	1203469	305511	172128	30575	. . .	. . .	29722
1851-1855	1586949 [23c]	1171106	1095699	419780	61093	. . .	3937	14314	. . .
1846-1850	1171354	1045287	1052843	151062	66098	. . .	24995	. . .	73654
1841-1845	1042131	974712	937299	60003	79459	7416	. . .	. . .	42016
1836-1840	949362	969283	813675	65106	81018	. . .	85027	74590	. . .
1831-1835	883953	834877	700534	76754	79463	. . .	27678	54880	. . .
1826-1830	871152	725088	639705	76237	77870	69827	. . .	7513	. . .
1821-1825	771130	634262	546094	73309	76696	63559	. . .	11472	. . .

1816-1820	658237	583069	488901	70730	75357	4438	...	18811	...
1811-15	555879	477530	372261	67174	77049	11175	...	28220	...
1806-10	494408	414367	328010	63923	84997	16118	...	1360	...
1801-05	406107	315004	235868	65030	97481	26073	...	...	18345
1796-1800	362697	290704	174086	72028	108636	...	35	7982	...
1791-95	271395	201034	99896	82975	114233	...	12614	...	13095
1786-90	254070	152917	51265	93843	105704	7310	...	...	4052
1781-1785	175879	88860	17896	99612	78080	...	12593	...	7116
1776-1780	135432	45403	4338	94274	43589	...	4245	...	2524
1771-1775	81086	15608	855	71487	17466	...	6009	...	2713
1766-1770	42150	3994	119	40514	4849	...	2358	...	974
1761-1765	14982	839	...	16604	894	...	2461	...	55
1756-1760	3969	146	...	4724	73	...	901	73	...
1751-1755	874	...	...	921	...	...	47	...	...
1746-1750	137	...	...	76	...	61	...	...	...
Âge non indiqué	...	...	...	502	...	...	502	...	...
Totaux	12415294	14040830	11653332	2072179	2386011	236552	183402	261858	209371

TABLEAU IV.—Montrant la population féminine en 1851, 1861 et 1871, corrigée selon certaines hypothèses, les naissances estimées en 1851-1870, les décès enregistrés, répartis selon la date de naissance, après ajustement, et la perte ou le gain de habitants selon un bilan migratoire.

Né en	Population (corrigée).			Décès enregistrés.		Perte ou gain par migrations.			
	LES FEMELLES.			LES FEMELLES.		1851-1860.		1861-1870.	
	1851.	1861.	1871.	1851-1860. [24b]	1861-1870.	Perte.	Gagner.	Perdre.	Gagner.
1866-1870	...	1936784 [24a]	1571448	...	359329	...	...	6007	...
1861-1865	...	1822952 [24a]	1340794	...	473449	...	...	8709	...
1856-1860	1690145 [24a]	1379277	1203469	305511	172128	5357	...	3680	...
1851-1865	1586949 [24a]	1157052	1094603	419780	61093	10117	...	1350	...
1846-1850	1203052	1046332	981249	151062	66098	5658	...	...	1015
1841-1845	1028583	976661	898871	60003	79459	...	8081	...	1669
1836-1840	954109	895618	809607	65106	81018	...	6015	4993	...
1831-1835	887489	799812	711042	76754	79463	10923	...	9307	...
1826-1830	804073	713486	624991	76237	77870	14350	...	10625	...
1821-1825	736430	652021	567938	73309	76696	11100	...	7387	...
1816-1820	645730	569658	488901	70730	75357	5342	...	5400	...
1811-15	573667	501406	421400	67174	77019	5087	...	2957	...
1806-10	483036	415610	328010	63923	84997	3503	...	2603	...
1801-05	426412	357844	258275	65030	98802	3538	...	767	...
1796-1800	364148	290704	177568	72028	112636	1416	...	500	...

1791-95	308305	222745	104192	84226	118269	1334	...	284	...
1786-90	254070	156434	49008	97626	107225	dix	...	201	...
1781-1785	195578	92680	17144	103438	70172	...	540	...	636
1776-1780	138547	43269	4121	95728	39172	...	450	...	24
1771-1775	84572	14952	641	69678	14330	...	58	...	19
1766-1770	40043	3734	60	36401	3732	...	92	...	58
1761-1765	14188	614	...	13613	617	...	39	...	3
1756-1760	3671	56	...	3631	50	...	16	6	...
1751-1755	629	...	...	636	...	...	7	...	...
1746-1750	52	...	...	53	...	...	1	...	...
Totaux	12423478	14049701	11653332	2071677	2335011	77735	15899	64782	3424

TABLEAU V. — Montrant le degré d'inexactitude des rendements des âges de la population féminine, d'après les hypothèses sur lesquelles est basé le tableau IV.

Le vrai âge.	1851.			1861.			1871.		
	Revenu à l'âge immédiate ment inférieur.	Renvoyé correcte ment.	Reven u à l'âge supéri eur suiva nt.	Revenu à l'âge immédiate ment inférieur.	Renvoyé correcte ment.	Reven u à l'âge supéri eur suiva nt.	Revenu à l'âge immédiate ment inférieur.	Renvoyé correcte ment.	Reven u à l'âge supéri eur suiva nt.
0 à 5	...	1171354	31698	...	1345875	33402	...	1534812	36636
5 à 10	...	1010433	18150	...	1137704	19348	...	1319071	21723
10 - 15	...	931212	22897	...	1025939	20393	...	1181746	21723

15 - 20	...	861056	26433	...	954319	22342	...	1073976	20627
20 - 25	...	804073	...	...	895618	...	...	981249	...
25 - 30	40646	695784	...	51323	748489	...	50967	847904	...
30 - 35	75346	570384	...	86388	627098	...	89395	720212	...
35 - 40	87853	485814	...	97990	554031	...	93463	617579	...
40 - 45	70065	412971	...	80231	489427	...	82955	542036	...
45 - 50	81437	344975	...	93642	407764	...	97669	470269	...
50 - 55	61132	303016	...	69766	345844	...	75825	413076	...
55 - 60	59681	248624	...	68523	289321	...	75325	345575	...
60 - 65	22771	231299	...	25683	265021	...	26686	301324	...
65 - 70	22771	172807	...	25683	197062	...	26686	231589	...
70 - 75	3072	135432	43	3972	152462	...	4279	173289	...
75 - 80	...	81043	3529	455	88860	3365	797	99896	3499
80 - 85	...	38621	1422	...	42038	1231	...	47766	1242
85 - 90	...	13560	628	...	14377	575	...	16654	490

90-95	...	3341	330	...	3419	315	...	3848	273
95-100	...	544	85	...	524	90	...	582	59
100–	...	52	...	...	56	...	...	60	...

TABLEAU VI.—Montrant la population masculine en 1851, 1861 et 1871, telle que corrigée sur certaines hypothèses ; les naissances estimées en 1851-1870 ; les décès enregistrés répartis selon la date de naissance, après ajustement ; et la perte ou le gain d'habitants lors d'un solde migratoire.

Né en	Population Hommes. (Corrigé.)			Décès enregistrés. Mâles.		Perte ou gain par migrations.			
						1851-1860.		1861-1870.	
	1851.	1861.	1871.	1851-1860. [25b]	1861-1870.	Perte.	Gagner.	Perte.	Gagner.
1866-1870	...	2006083 [25a]	1572464	...	427200	...	...	6419	...
1861-1865	...	1892329 [25a]	1335819	...	546170	...	...	10340	...
1866-1860	1758383 [25a]	1388307	1218770	365536	180534	4540	...	...	10997
1851-1855	1651656 [25a]	1157960	1674713	482227	60259	11469	...	22988	...
1846-1860	1208453	1057889	937917	156291	62499	...	5727	57473	...
1841-1845	1030228	947930	843278	58497	75494	23801	...	29158	...
1836-1840	960000	846210	751320	60004	75606	53786	...	19284	...
1831-1835	868231	734287	644819	69604	74657	64340	...	14811	...
1826-1830	784455	668690	580097	67451	77910	48314	...	10683	...
1821-1825	696345	594280	506947	65694	81085	36371	...	6248	...

1816-1820	624889	539058	447788	66739	84369	19092	. . .	6901	. . .
1811-15	535680	453310	357907	67483	89886	14887	. . .	5517	. . .
1806-10	458711	384196	284675	69394	95736	5121	. . .	3785	. . .
1801-05	389882	312000	217370	73888	104635	3994	. . .	. . .	10005
1796-1800	334904	256136	150887	78530	111999	238	. . .	. . .	6750
1791-95	273892	188538	83091	85504	111681	. . .	150	. . .	6234
1786-90	222840	129928	37173	94206	95445	. . .	1294	. . .	2690
1781-1785	168040	73280	11235	96016	62880	. . .	1256	. . .	835
1776-1780	116466	32356	2333	84496	29493	. . .	386	530 [25c]	. . .
1771-1775	66800	9509	314	57119	9550	172	. . .	. . .	355 [25c]
1766-1770	29493	2101	17	27390	2118	2	. . .	. . .	34
1761-1765	9412	274	. . .	9116	266	22	. . .	8	. . .
1756-1760	2166	20	. . .	2114	17	32	. . .	3	. . .
1751-1755	318	. . .	. . .	310	. . .	8	. . .	. . .	. . .
1746-1750	20	. . .	. . .	19	. . .	1	. . .	. . .	. . .
Totaux	12191264	13674671	11058934	2137628	2459489	286190	8813	194148	37900

TABLEAU VII.—Montrant le degré d'inexactitude des rendements des âges de la population masculine, d'après les hypothèses sur lesquelles est basé le tableau VI.

	1851.	1861.	1871.

Le vrai âge.	Revenu à l'âge immédiatement inférieur.	Renvoyé correctement.	Revenu à un âge supérieur.	Revenu à un âge inférieur.	Renvoyé correctement.	Revenu à un âge supérieur.	Revenu à un âge inférieur.	Renvoyé correctement.	Revenu à un âge supérieur.
0 à 5	...	1176753	31700	...	1354907	33400	...	1536464	36000
5 à 10	...	1018528	11700	...	1139560	18400	...	1314819	21000
10-15	...	952295	7705	...	1041489	16400	...	1199770	19000
15-20	...	865531	2700	...	941530	6400	...	1065713	9000
20-25	...	784455	...	...	846210	...	...	937917	...
25-30	8300	688045	...	7600	726687	...	5000	838278	...
30-35	11300	613589	...	7600	661090	...	5000	746320	...
35-40	4300	531380	...	600	590280	3400	...	640819	4000
40-45	1300	457411	...	...	539058	...	...	580097	...
45-50	16800	373082	...	8600	444710	...	6000	500947	...
50-55	19800	315104	...	8600	375596	...	6000	441788	...
55-60	31000	242892	...	16600	295400	...	14000	343907	...
60-65	12000	210840	...	3600	252536	...	2000	282675	...
65-70	16400	151640	...	13000	175538	...	12000	205370	...
70-75	...	114730	1736	...	128428	1500	...	149887	1000
75-80	...	63280	3520	...	70280	3000	...	81091	2000
80-85	...	28170	1323	...	31256	1100	...	36573	600
85-90	...	9100	312	...	9259	250	...	11085	150
90-95	...	1970	196	...	1941	160	...	2233	100
95-100	...	260	58	...	239	35	...	290	24

100 −	...	20	...	...	20	...	...	17	...

TABLEAU VIII.—Montrant les différences entre (1) le pourcentage national de personnes survivant à chaque âge en 1871 (y compris la perte estimée par émigration en 1861-1871) calculé sur les nombres de dix ans plus jeunes recensés en 1861 ; et (2) les ratios d'habitants dénombrés dans chaque division en 1871, comparés aux populations respectives dix ans plus jeunes dénombrées en 1861. Les populations employées ont d'abord été corrigées selon les états A et B.

Age in 1871	I. London.	II. South Eastern.	III. South Midland.	IV. Eastern.	V. South Western.	VI. West Midland.	VII. North Midland.	VIII. North Western.	IX. Yorkshire.	X. Northern.	XI. Welsh.	England and Wales.
MALES. Excess or deficiency of the ratio of survivors, compared with National ratio.												
10–15	-4.3	+7.6	+6.1	+1.9	-1.3	-.3	-.6	-.7	-2.8	+4.2	-.7	-0.8
15–20	+1.6	+1.2	-8.8	-11.2	-9.4	-3.6	-6.0	+1.6	-3.6	+4.8	-3.6	-2.0
20–25	-14.5	-4.0	-20.9	-25.3	-26.8	-10.0	+14.2	+2.7	-4.4	+12.8	-9.9	-6.4
25–30	-21.6	-3.2	-14.1	-21.2	-28.5	-8.4	+13.0	+4.6	-6.0	+14.6	-13.1	-3.0
30–35	+7.4	-2.8	-4.2	-6.6	-17.8	-5.9	-6.0	-1.2	-4.5	-5.5	-9.5	-2.3
35–40	-1.6	+.1	+1.0	-.3	-8.8	+4.4	-2.3	-3.4	-3.8	+2.0	-7.0	-2.0
40–45	-3.6	+.2	+1.8	+.5	-4.9	-3.4	-1.0	-2.3	-3.7	+3.3	-7.2	-1.5
45–50	-5.9	+1.7	+2.4	+1.9	+1.1	+1.8	+.6	-3.5	-1.8	+2.9	-3.0	-1.1
50–55	-7.2	-2.1	+2.1	+2.4	-.8	-2.1	-1.8	-4.9	-2.5	+2.0	-.6	-1.2
55–60	-10.6	+5.5	-2.6	+2.7	+1.3	-1.8	-2.9	-6.7	-1.4	+.9	-.9	-1.3
60–65	-8.5	+4.2	-4.8	+5.7	+1.3	-1.2	-2.5	-7.3	-1.7	+.7	-.6	-1.0
65–70	-4.2	+10.5	+8.3	-10.5	+7.2	+3.6	-6.0	-3.9	+.9	+1.8	-2.3	-3.2
70–75	-5.4	+9.0	+7.8	-10.0	+7.7	+2.5	-6.5	-6.3	-.3	-2.2	-2.1	-2.6
75–80	-4.8	+8.0	+6.5	+9.4	+7.1	+4.3	-5.5	-4.5	-1.3	+1.7	+6.6	-3.3
80–85	-3.1	+4.4	+2.6	+6.1	+4.9	+2.8	-3.0	-3.4	-2.1	+.5	+8.0	-2.1
85–90	-.4	+2.8	+.1	+3.5	-1.6	+1.4	+.6	-2.2	-1.5	+2.3	-4.7	+1.1
FEMALES. Excess or deficiency of the ratio of survivors, compared with the National ratio.												
10–15	-3.0	+5.5	+1.6	-.5	-2.9	-1.4	-1.9	...	+1.2	+26	-2.3	-.3
15–20	-15.4	-1.0	-7.1	-15.0	-9.4	+3.1	-6.9	+7.8	-3.9	+1.2	-7.8	-.1
20–25	-30.0	+1.5	-11.7	-20.3	-14.6	-4.9	-11.1	+9.2	-3.6	+8	-12.9	+.1
25–30	-18.9	+8.0	-6.0	-12.5	-16.8	-5.3	-10.3	+5.4	-3.5	+4.6	-11.9	+.1
30–35	+4.6	+7.9	-1.0	+5.5	-12.2	-4.8	-5.9	-.3	+3.7	+5.6	+5.8	-.7
35–40	+3.1	+5.3	+1.3	-2.5	-7.2	+2.2	-3.3	-2.9	+3.7	+4.4	-4.4	-1.3
40–45	-5.0	+4.2	+1.3	-.3	-4.3	-1.8	-1.8	-2.1	-2.5	+1.5	-5.8	-1.4
45–50	-6.4	+3.7	+2.1	+.3	-1.1	-.9	-1.1	-2.4	+1.8	+1.4	-2.8	-1.1
50–55	-5.8	+4.1	+1.7	+.3	+.7	-1.3	+.3	-4.1	-1.5	+2.3	-.2	-.9
55–60	-6.9	+5.7	-3.6	+1.2	+.1	-.8	+1.2	-5.0	+2.1	-2.2	.3	-.6
60–65	-4.7	+4.3	+3.7	+2.2	+1.1	-.6	+.5	-4.9	-1.1	-.1	-2.1	-.5
65–70	-3.9	+3.7	+4.0	+5.5	-3.2	+.5	-.1	-6.9	-2.3	-.5	+1.2	-.3
70–75	-4.0	-6.0	+4.1	+6.1	+3.5	-.3	-1.0	-8.4	-3.0	-.8	-.8	-.2
75–80	-3.2	+3.5	+.7	+5.7	-3.0	-.3	+.6	-7.1	-4.6	-.4	+4.3	-.1
80–85	-2.4	+2.1	-.1	+4.3	+.4	-.5	-1.2	-5.7	-3.8	-2.0	+8.1	-.2
85–90	-.1	+1.6	+.7	+3.8	-1.5	-.8	-.7	-2.6	-1.4	-.1	-4.7	+.7

Mémo.—Si la mortalité dans chaque division était exactement la même, ces rapports représenteraient véritablement une perte par émigration ou un gain par immigration ; cependant, il y a de bonnes raisons de penser qu'aux âges supérieurs, les pertes sont (surtout dans les Divisions I et VIII) causées par une mortalité excessive, et que les gains dans les autres Divisions sont en grande partie occasionnés par le fait que la mortalité y est inférieure à la moyenne.

NOTES DE BAS DE PAGE.

[4] Il faut lire « 0 et moins de 5 ans ».

[6] Ces estimations ont été faites sur la base d'une répartition dérivée d'un examen de la « Table de survie anglaise n° 3 » ; mais je m'abstiens d'entrer dans un compte rendu détaillé du processus, de peur de rendre cet article plus prolixe et inintéressant que son caractère ne l'exige.

[8a] Gain net des Irlandais entrants, des étrangers, etc., supérieur à ceux qui partent. Perte nette d'émigrants nés en Angleterre, supérieure aux Anglais rentrant chez eux.

[8b] Ceci repose sur l'hypothèse que les migrations de chaque année étaient exactement identiques en nombre.

[11a] On remarquera que certains des taux d'imprécision attribués aux chiffres du recensement de 1851 sont inférieurs à ceux des recensements ultérieurs. Ces exceptions à la règle de l'imprécision décroissante pourraient être supprimées sans perturbation très violente des estimations indiquées dans le tableau IV, mais cela ne semble guère nécessaire.

[11b] Le pourcentage serait de 20,0 (plus ou moins), sauf aux âges élevés, pour chaque année d'erreur.

[14] Gain net.

[15] On remarquera encore une légère modification dans les estimations des naissances masculines non enregistrées. Cela affecte l'émigration estimée en 1861-1870 à hauteur d'environ 10 000 personnes, soit 156 248 au lieu de 165 800.

[16] Le spécimen de calcul suivant, montrant les éléments qui constituent les décès calculés en 1861-1870 parmi les femmes nées en 1851-1855, en 1816-1820 et en 1811-1815 respectivement, illustrera ce que je veux dire :

Année de la mort.	Né entre 1851 et 1855.				Né entre 1816 et 1820.			Né entre 1811 et 1815.		
	ans.	ans.	ans.	Totaux.	ans.	ans.	Totaux.	ans.	ans.	Totaux.
1861	6730	518	. . .	7248	6234	645	6879	6514	. . .	6514
1862	5259	1603	. . .	6862	4999	1994	6993	6669	. . .	6669
1863	4630	2915	. . .	7575	3688	3392	7080	6813	. . .	6813
1864	2452	3989	. . .	6441	2350	5366	7716	7686	. . .	7686
1865	678	4626	. . .	5304	785	6993	7778	7873	. . .	7873

1866	. . .	4499	620	5119	. . .	8048	8048	7413	844	8257
1867	. . .	2949	1786	4735	. . .	7547	7547	5443	2410	7853
1868	. . .	2274	3045	5319	. . .	7359	7359	3813	3983	7796
1860	. . .	1437	4351	5788	. . .	7859	7859	2466	5985	8451
1870	. . .	510	6192	6702	. . .	8098	8098	873	8264	9137
	19749	25350	15994	61093	18056	57301	75357	55563	21486	77049

[19a] La première ligne du tableau VIII montre l'effet du déplacement des familles de la première division vers les quartiers semi-banlieusards des divisions II et III. De telles familles emmènent avec elles un bon nombre d'enfants ; de là la perte pour la division métropolitaine et le gain pour les deux divisions mentionnées, tant des garçons que des filles.

[19b] La déclaration suivante peut rendre ce fait plus clair : –

Division.	Naissances enregistrées entre 1841 et 1845.	Population en 1871 née entre 1841 et 1845.	Proportion de 100 à—
I. Londres	316037	289951	91,7
V. Sud-ouest	266860	126219	47.3
VIII. Nord-ouest	392151	279606	71.3

Le nombre de survivants, selon la table de survie anglaise n° 3, devrait être d'environ 62,2 pour cent. Le faible taux de mortalité dans les comtés du Sud-Ouest rend certain que, sans les migrations, le rapport de la population recensée aux naissances correspondantes serait supérieur à 62,2 dans cette division ; dans les autres divisions, il serait inférieur.

[20] Je suis d'avis que le gain dans cette colonne, en ce qui concerne les taux de mortalité à Londres, est dû au départ de nombreuses femmes en mauvaise santé, dont certaines meurent à la campagne. Sans l'effet de ces départs, les décès enregistrés et le gain net apparent des migrations atteindraient des chiffres plus élevés.

[22] La procédure par exemple en 1881 pourrait être la suivante : - Prendre la population anglaise à chaque âge en 1871 comme déjà corrigé, et introduire les nombres de naissances renvoyés en 1876-1880 et 1871-1875 comme les deux premiers termes de la série, en ajoutant une allocation raisonnable pour non-enregistrement. Déduisez les décès survenus entre 1871 et 1880, dûment répartis selon les périodes de naissance. Le nombre brut des deux sexes recensés en 1881 étant connu, la perte ou le gain net des migrations peut

alors être constaté. Répartissez-le dans des proportions quelque peu similaires à celles observées en 1851-1860. Les résultats finaux montreront approximativement la répartition de la population par âge en 1881.

[23a] On remarquera que je n'ai prêté aucune attention à l'intervalle de temps entre le jour du recensement et le mois de janvier précédent, traitant la décennie exacte comme étant un équivalent assez proche de l'intervalle entre recensement et recensement.

[23b] Ces chiffres représentent les naissances dans les périodes mentionnées, *plus* une allocation pour omissions, à savoir. 1¾ pour cent. sur les naissances entre 1866 et 1870, et 2, 2¼ et 3½ pour cent. sur les naissances dans les périodes antérieures respectivement.

[23c] La correction adoptée dans le cas des naissances féminines est un peu plus grande que dans celui des naissances masculines. Ces chiffres sont ceux retournés, *plus* 2 pour cent. sur les naissances de 1866 à 1870, et 2¼, 2¾ et 4 pour cent. respectivement sur les naissances des périodes antérieures.

[24a] Les naissances, plus l'allocation pour les personnes non enregistrées, disons 2 pour cent. sur les naissances entre 1866 et 1870, et 2¾, 3¼ et 4 pour cent. respectivement sur les naissances des périodes antérieures.

[24b] Les quelques décès « âge non précisé » ne sont pas pris en compte.

[25a] Les naissances, *plus* l'allocation pour les personnes non enregistrées, disons 1½ pour cent. sur les naissances entre 1866 et 1870, et 2¼, 2,65 et 3,5 pour cent. respectivement sur les naissances des périodes antérieures.

[25b] Les quelques décès « non déclarés » sont ignorés.

[25c] Ces chiffres sont, je pense, improbables ; Je suppose que la répartition des décès peut être principalement en cause.